BATTLE PLAN

PRAYER
REQUESTS

PRAYER WARRIOR

PRAYER REQUESTS

The release of the movie War Room brought a needed and focused attention to the fact that prayer is powerful and we need to pray. Many books on prayer have been born because of that movie and many lives have been forever changed. This book is for those who pray.

This prayer requests book is a handy and practical resource for organizing and keeping track of all your prayer requests. Created for the person who prays, this book contains a blank index to locate any special needs, a place for names, dates, prayer requests and praise reports. Also, there is a place to record the scriptures that you are standing upon for each particular request.

For anyone who takes their prayer requests seriously, this book will be a welcome addition to their prayer arsenal. Also in this series is the Battle Plan Prayer Journal which is an expanded type of prayer journal and Battle Plan Powerful Prayers which is a book explaining from scripture the power of prayer, giving many types of example prayers with scripture references.

INDEX

THE POWER OF PRAYER

One cannot overestimate the power of prayer. As we come before the King of Kings and Lord of Lords we are told to come boldly before the Throne of Grace. (Hebrews 4:16)

God reminds us that He withholds no good thing from us and that ALL of His promises are yes and amen. (Psalm 84:11) (2 Corinthians 1:20)

As a loving and merciful Father and God, His plans for us are to bless us and give us hope and a future. (Jeremiah 29:11)

As we bring our praises and requests before him, remember that if we ask for bread He will not give us a stone. It is his desire to give us the Kingdom. (Matthew 7:9) (Luke 12:32)

There is nothing beyond the reach of His hand and nothing beyond the scope of His power. God is waiting for us to come to Him in our times of need and move on our behalf. Believe that He is a good God and an ever present help in the times of trouble. (Psalm 46:1)

Know that your prayers are powerful and will change the lives of those whom you pray for.

BATTLE PLAN

PRAYER REQUESTS

NAME_____

DATE_____

PRAYER REQUEST_____

_____

_____

SCRIPTURES_____

PRAISE REPORT _____

_____

NAME_____

DATE_____

PRAYER REQUEST_____

_____

_____

SCRIPTURES_____

PRAISE REPORT _____

_____

NAME_____

DATE_____

PRAYER REQUEST_____

_____

_____

SCRIPTURES_____

PRAISE REPORT _____

_____

NAME_____

DATE_____

PRAYER REQUEST_____

_____

_____

SCRIPTURES_____

PRAISE REPORT _____

_____

NAME_____

DATE_____

PRAYER REQUEST_____

_____

_____

SCRIPTURES_____

PRAISE REPORT _____

_____

NAME_____

DATE_____

PRAYER REQUEST_____

_____

_____

SCRIPTURES_____

PRAISE REPORT _____

_____

NAME_____

DATE_____

PRAYER REQUEST_____

_____

_____

SCRIPTURES_____

PRAISE REPORT _____

_____

NAME_____

DATE_____

PRAYER REQUEST_____

_____

_____

SCRIPTURES_____

PRAISE REPORT _____

_____

BATTLE PLAN PRAYER REQUESTS

NAME_____

DATE_____

PRAYER REQUEST_____

_____

_____

SCRIPTURES_____

PRAISE REPORT _____

_____

NAME_____

DATE_____

PRAYER REQUEST_____

_____

_____

SCRIPTURES_____

PRAISE REPORT _____

_____

NAME_____

DATE_____

PRAYER REQUEST_____

_____

_____

SCRIPTURES_____

PRAISE REPORT _____

_____

NAME_____

DATE_____

PRAYER REQUEST_____

_____

_____

SCRIPTURES_____

PRAISE REPORT _____

_____

NAME_____

DATE_____

PRAYER REQUEST_____

_____

_____

SCRIPTURES_____

PRAISE REPORT _____

_____

NAME_____

DATE_____

PRAYER REQUEST_____

_____

_____

SCRIPTURES_____

PRAISE REPORT _____

_____

NAME_____

DATE_____

PRAYER REQUEST_____

_____

_____

SCRIPTURES_____

PRAISE REPORT _____

_____

NAME_____

DATE_____

PRAYER REQUEST_____

_____

_____

SCRIPTURES_____

PRAISE REPORT _____

_____

NAME_____

DATE_____

PRAYER REQUEST_____

_____

_____

SCRIPTURES_____

PRAISE REPORT _____

_____

NAME_____

DATE_____

PRAYER REQUEST_____

_____

_____

SCRIPTURES_____

PRAISE REPORT _____

_____

NAME_____

DATE_____

PRAYER REQUEST_____

_____

_____

SCRIPTURES_____

PRAISE REPORT _____

_____

NAME_____

DATE_____

PRAYER REQUEST_____

_____

_____

SCRIPTURES_____

PRAISE REPORT _____

_____

NAME_____

DATE_____

PRAYER REQUEST_____

_____

_____

SCRIPTURES_____

PRAISE REPORT _____

_____

NAME_____

DATE_____

PRAYER REQUEST_____

_____

_____

SCRIPTURES_____

PRAISE REPORT _____

_____

NAME_____

DATE_____

PRAYER REQUEST_____

_____

_____

SCRIPTURES_____

PRAISE REPORT _____

_____

NAME_____

DATE_____

PRAYER REQUEST_____

_____

_____

SCRIPTURES_____

PRAISE REPORT _____

_____

NAME_____

DATE_____

PRAYER REQUEST_____

_____

_____

SCRIPTURES_____

PRAISE REPORT _____

_____

NAME_____

DATE_____

PRAYER REQUEST_____

_____

_____

SCRIPTURES_____

PRAISE REPORT _____

_____

NAME_____

DATE_____

PRAYER REQUEST_____

_____

_____

SCRIPTURES_____

PRAISE REPORT _____

_____

NAME_____

DATE_____

PRAYER REQUEST_____

_____

_____

SCRIPTURES_____

PRAISE REPORT _____

_____

NAME_____

DATE_____

PRAYER REQUEST_____

_____

_____

SCRIPTURES_____

PRAISE REPORT _____

_____

NAME_____

DATE_____

PRAYER REQUEST_____

_____

_____

SCRIPTURES_____

PRAISE REPORT _____

_____

NAME_____

DATE_____

PRAYER REQUEST_____

_____

_____

SCRIPTURES_____

PRAISE REPORT _____

_____

NAME_____

DATE_____

PRAYER REQUEST_____

_____

_____

SCRIPTURES_____

PRAISE REPORT _____

_____

NAME_____

DATE_____

PRAYER REQUEST_____

_____

_____

SCRIPTURES_____

PRAISE REPORT _____

_____

NAME_____

DATE_____

PRAYER REQUEST_____

_____

_____

SCRIPTURES_____

PRAISE REPORT _____

_____

NAME_____

DATE_____

PRAYER REQUEST_____

_____

_____

SCRIPTURES_____

PRAISE REPORT _____

_____

NAME_____

DATE_____

PRAYER REQUEST_____

_____

_____

SCRIPTURES_____

PRAISE REPORT _____

_____

NAME_____

DATE_____

PRAYER REQUEST_____

_____

_____

SCRIPTURES_____

PRAISE REPORT _____

_____

NAME_____

DATE_____

PRAYER REQUEST_____

_____

_____

SCRIPTURES_____

PRAISE REPORT _____

_____

BATTLE PLAN PRAYER REQUESTS

NAME_____

DATE_____

PRAYER REQUEST_____

_____

_____

SCRIPTURES_____

PRAISE REPORT _____

_____

NAME_____

DATE_____

PRAYER REQUEST_____

_____

_____

SCRIPTURES_____

PRAISE REPORT _____

_____

NAME_____

DATE_____

PRAYER REQUEST_____

_____

_____

SCRIPTURES_____

PRAISE REPORT _____

_____

BATTLE PLAN PRAYER REQUESTS

NAME_____

DATE_____

PRAYER REQUEST_____

_____

_____

SCRIPTURES_____

PRAISE REPORT _____

_____

NAME_____

DATE_____

PRAYER REQUEST_____

_____

_____

SCRIPTURES_____

PRAISE REPORT _____

_____

NAME_____

DATE_____

PRAYER REQUEST_____

_____

_____

SCRIPTURES_____

PRAISE REPORT _____

_____

NAME_____

DATE_____

PRAYER REQUEST_____

_____

_____

SCRIPTURES_____

PRAISE REPORT _____

_____

NAME_____

DATE_____

PRAYER REQUEST_____

_____

_____

SCRIPTURES_____

PRAISE REPORT _____

_____

NAME_____

DATE_____

PRAYER REQUEST_____

_____

_____

SCRIPTURES_____

PRAISE REPORT _____

_____

NAME_____

DATE_____

PRAYER REQUEST_____

_____

_____

SCRIPTURES_____

PRAISE REPORT _____

_____

NAME_____

DATE_____

PRAYER REQUEST_____

_____

_____

SCRIPTURES_____

PRAISE REPORT _____

_____

NAME_____

DATE_____

PRAYER REQUEST_____

_____

_____

SCRIPTURES_____

PRAISE REPORT _____

_____

NAME_____

DATE_____

PRAYER REQUEST_____

_____

_____

SCRIPTURES_____

PRAISE REPORT _____

_____

NAME_____

DATE_____

PRAYER REQUEST_____

_____

_____

SCRIPTURES_____

PRAISE REPORT _____

_____

NAME_____

DATE_____

PRAYER REQUEST_____

_____

_____

SCRIPTURES_____

PRAISE REPORT _____

_____

NAME_____

DATE_____

PRAYER REQUEST_____

_____

_____

SCRIPTURES_____

PRAISE REPORT _____

_____

NAME_____

DATE_____

PRAYER REQUEST_____

_____

_____

SCRIPTURES_____

PRAISE REPORT _____

_____

NAME_____

DATE_____

PRAYER REQUEST_____

_____

_____

SCRIPTURES_____

PRAISE REPORT _____

_____

NAME_____

DATE_____

PRAYER REQUEST_____

_____

_____

SCRIPTURES_____

PRAISE REPORT _____

_____

NAME_____

DATE_____

PRAYER REQUEST_____

_____

_____

SCRIPTURES_____

PRAISE REPORT _____

_____

NAME_____

DATE_____

PRAYER REQUEST_____

_____

_____

SCRIPTURES_____

PRAISE REPORT _____

_____

NAME_____

DATE_____

PRAYER REQUEST_____

_____

_____

SCRIPTURES_____

PRAISE REPORT _____

_____

NAME_____

DATE_____

PRAYER REQUEST_____

_____

_____

SCRIPTURES_____

PRAISE REPORT _____

_____

NAME_____

DATE_____

PRAYER REQUEST_____

_____

_____

SCRIPTURES_____

PRAISE REPORT _____

_____

NAME_____

DATE_____

PRAYER REQUEST_____

_____

_____

SCRIPTURES_____

PRAISE REPORT _____

_____

NAME_____

DATE_____

PRAYER REQUEST_____

_____

_____

SCRIPTURES_____

PRAISE REPORT _____

_____

NAME_____

DATE_____

PRAYER REQUEST_____

_____

_____

SCRIPTURES_____

PRAISE REPORT _____

_____

NAME_____

DATE_____

PRAYER REQUEST_____

_____

_____

SCRIPTURES_____

PRAISE REPORT _____

_____

NAME_____

DATE_____

PRAYER REQUEST_____

_____

_____

SCRIPTURES_____

PRAISE REPORT _____

_____

NAME_____

DATE_____

PRAYER REQUEST_____

_____

_____

SCRIPTURES_____

PRAISE REPORT _____

_____

4

BATTLE PLAN PRAYER REQUESTS

NAME_____

DATE_____

PRAYER REQUEST_____

_____

_____

SCRIPTURES_____

PRAISE REPORT _____

_____

NAME_____

DATE_____

PRAYER REQUEST_____

_____

_____

SCRIPTURES_____

PRAISE REPORT _____

_____

NAME_____

DATE_____

PRAYER REQUEST_____

_____

_____

SCRIPTURES_____

PRAISE REPORT _____

_____

24

NAME_____

DATE_____

PRAYER REQUEST_____

_____

_____

SCRIPTURES_____

PRAISE REPORT _____

_____

NAME_____

DATE_____

PRAYER REQUEST_____

_____

_____

SCRIPTURES_____

PRAISE REPORT _____

_____

NAME_____

DATE_____

PRAYER REQUEST_____

_____

_____

SCRIPTURES_____

PRAISE REPORT _____

_____

NAME_____

DATE_____

PRAYER REQUEST_____

_____

_____

SCRIPTURES_____

PRAISE REPORT _____

_____

NAME_____

DATE_____

PRAYER REQUEST_____

_____

_____

SCRIPTURES_____

PRAISE REPORT _____

_____

NAME_____

DATE_____

PRAYER REQUEST_____

_____

_____

SCRIPTURES_____

PRAISE REPORT _____

_____

NAME_____

DATE_____

PRAYER REQUEST_____

_____

_____

SCRIPTURES_____

PRAISE REPORT _____

_____

NAME_____

DATE_____

PRAYER REQUEST_____

_____

_____

SCRIPTURES_____

PRAISE REPORT _____

_____

NAME_____

DATE_____

PRAYER REQUEST_____

_____

_____

SCRIPTURES_____

PRAISE REPORT _____

_____

NAME_____

DATE_____

PRAYER REQUEST_____

_____

_____

SCRIPTURES_____

PRAISE REPORT _____

_____

NAME_____

DATE_____

PRAYER REQUEST_____

_____

_____

SCRIPTURES_____

PRAISE REPORT _____

_____

NAME_____

DATE_____

PRAYER REQUEST_____

_____

_____

SCRIPTURES_____

PRAISE REPORT _____

_____

NAME_____

DATE_____

PRAYER REQUEST_____

_____

_____

SCRIPTURES_____

PRAISE REPORT _____

_____

NAME_____

DATE_____

PRAYER REQUEST_____

_____

_____

SCRIPTURES_____

PRAISE REPORT _____

_____

NAME_____

DATE_____

PRAYER REQUEST_____

_____

_____

SCRIPTURES_____

PRAISE REPORT _____

_____

NAME_____

DATE_____

PRAYER REQUEST_____

_____

_____

SCRIPTURES_____

PRAISE REPORT _____

_____

NAME_____

DATE_____

PRAYER REQUEST_____

_____

_____

SCRIPTURES_____

PRAISE REPORT _____

_____

NAME_____

DATE_____

PRAYER REQUEST_____

_____

_____

SCRIPTURES_____

PRAISE REPORT _____

_____

NAME_____

DATE_____

PRAYER REQUEST_____

_____

_____

SCRIPTURES_____

PRAISE REPORT _____

_____

NAME_____

DATE_____

PRAYER REQUEST_____

_____

_____

SCRIPTURES_____

PRAISE REPORT _____

_____

NAME_____

DATE_____

PRAYER REQUEST_____

_____

_____

SCRIPTURES_____

PRAISE REPORT _____

_____

NAME_____

DATE_____

PRAYER REQUEST_____

_____

_____

SCRIPTURES_____

PRAISE REPORT _____

_____

NAME_____

DATE_____

PRAYER REQUEST_____

_____

_____

SCRIPTURES_____

PRAISE REPORT _____

_____

NAME_____

DATE_____

PRAYER REQUEST_____

_____

_____

SCRIPTURES_____

PRAISE REPORT _____

_____

NAME_____

DATE_____

PRAYER REQUEST_____

_____

_____

SCRIPTURES_____

PRAISE REPORT _____

_____

NAME_____

DATE_____

PRAYER REQUEST_____

_____

_____

SCRIPTURES_____

PRAISE REPORT _____

_____

NAME_____

DATE_____

PRAYER REQUEST_____

_____

_____

SCRIPTURES_____

PRAISE REPORT _____

_____

NAME_____

DATE_____

PRAYER REQUEST_____

_____

_____

SCRIPTURES_____

PRAISE REPORT _____

_____

NAME_____

DATE_____

PRAYER REQUEST_____

_____

_____

SCRIPTURES_____

PRAISE REPORT _____

_____

NAME_____

DATE_____

PRAYER REQUEST_____

_____

_____

SCRIPTURES_____

PRAISE REPORT _____

_____

NAME_____

DATE_____

PRAYER REQUEST_____

_____

_____

SCRIPTURES_____

PRAISE REPORT _____

_____

NAME_____

DATE_____

PRAYER REQUEST_____

_____

_____

SCRIPTURES_____

PRAISE REPORT _____

_____

NAME_____

DATE_____

PRAYER REQUEST_____

_____

_____

SCRIPTURES_____

PRAISE REPORT _____

_____

NAME_____

DATE_____

PRAYER REQUEST_____

_____

_____

SCRIPTURES_____

PRAISE REPORT _____

_____

NAME_____

DATE_____

PRAYER REQUEST_____

_____

_____

SCRIPTURES_____

PRAISE REPORT _____

_____

NAME_____

DATE_____

PRAYER REQUEST_____

_____

_____

SCRIPTURES_____

PRAISE REPORT _____

_____

NAME_____

DATE_____

PRAYER REQUEST_____

_____

_____

SCRIPTURES_____

PRAISE REPORT _____

_____

NAME_____

DATE_____

PRAYER REQUEST_____

_____

_____

SCRIPTURES_____

PRAISE REPORT _____

_____

NAME_____

DATE_____

PRAYER REQUEST_____

_____

_____

SCRIPTURES_____

PRAISE REPORT _____

_____

NAME_____

DATE_____

PRAYER REQUEST_____

_____

_____

SCRIPTURES_____

PRAISE REPORT _____

_____

NAME_____

DATE_____

PRAYER REQUEST_____

_____

_____

SCRIPTURES_____

PRAISE REPORT _____

_____

NAME_____

DATE_____

PRAYER REQUEST_____

_____

_____

SCRIPTURES_____

PRAISE REPORT _____

_____

NAME_____

DATE_____

PRAYER REQUEST_____

_____

_____

SCRIPTURES_____

PRAISE REPORT_____

_____

NAME_____

DATE_____

PRAYER REQUEST_____

_____

_____

SCRIPTURES_____

PRAISE REPORT_____

_____

NAME_____

DATE_____

PRAYER REQUEST_____

_____

_____

SCRIPTURES_____

PRAISE REPORT_____

_____

NAME_____

DATE_____

PRAYER REQUEST_____

_____

_____

SCRIPTURES_____

PRAISE REPORT _____

_____

NAME_____

DATE_____

PRAYER REQUEST_____

_____

_____

SCRIPTURES_____

PRAISE REPORT _____

_____

NAME_____

DATE_____

PRAYER REQUEST_____

_____

_____

SCRIPTURES_____

PRAISE REPORT _____

_____

NAME_____

DATE_____

PRAYER REQUEST_____

_____

_____

SCRIPTURES_____

PRAISE REPORT _____

_____

NAME_____

DATE_____

PRAYER REQUEST_____

_____

_____

SCRIPTURES_____

PRAISE REPORT _____

_____

NAME_____

DATE_____

PRAYER REQUEST_____

_____

_____

SCRIPTURES_____

PRAISE REPORT _____

_____

NAME_____

DATE_____

PRAYER REQUEST_____

_____

_____

SCRIPTURES_____

PRAISE REPORT _____

_____

NAME_____

DATE_____

PRAYER REQUEST_____

_____

_____

SCRIPTURES_____

PRAISE REPORT _____

_____

NAME_____

DATE_____

PRAYER REQUEST_____

_____

_____

SCRIPTURES_____

PRAISE REPORT _____

_____

NAME_____

DATE_____

PRAYER REQUEST_____

_____

_____

SCRIPTURES_____

PRAISE REPORT _____

_____

NAME_____

DATE_____

PRAYER REQUEST_____

_____

_____

SCRIPTURES_____

PRAISE REPORT _____

_____

NAME_____

DATE_____

PRAYER REQUEST_____

_____

_____

SCRIPTURES_____

PRAISE REPORT _____

_____

NAME_____

DATE_____

PRAYER REQUEST_____

_____

_____

SCRIPTURES_____

PRAISE REPORT _____

_____

NAME_____

DATE_____

PRAYER REQUEST_____

_____

_____

SCRIPTURES_____

PRAISE REPORT _____

_____

NAME_____

DATE_____

PRAYER REQUEST_____

_____

_____

SCRIPTURES_____

PRAISE REPORT _____

_____

NAME_____

DATE_____

PRAYER REQUEST_____

_____

_____

SCRIPTURES_____

PRAISE REPORT _____

_____

NAME_____

DATE_____

PRAYER REQUEST_____

_____

_____

SCRIPTURES_____

PRAISE REPORT _____

_____

NAME_____

DATE_____

PRAYER REQUEST_____

_____

_____

SCRIPTURES_____

PRAISE REPORT _____

_____

NAME_____

DATE_____

PRAYER REQUEST_____

_____

_____

SCRIPTURES_____

PRAISE REPORT _____

_____

NAME_____

DATE_____

PRAYER REQUEST_____

_____

_____

SCRIPTURES_____

PRAISE REPORT _____

_____

NAME_____

DATE_____

PRAYER REQUEST_____

_____

_____

SCRIPTURES_____

PRAISE REPORT _____

_____

BATTLE PLAN PRAYER REQUESTS

NAME_____

DATE_____

PRAYER REQUEST_____

_____

_____

SCRIPTURES_____

PRAISE REPORT _____

_____

NAME_____

DATE_____

PRAYER REQUEST_____

_____

_____

SCRIPTURES_____

PRAISE REPORT _____

_____

NAME_____

DATE_____

PRAYER REQUEST_____

_____

_____

SCRIPTURES_____

PRAISE REPORT _____

_____

NAME_____

DATE_____

PRAYER REQUEST_____

_____

_____

SCRIPTURES_____

PRAISE REPORT _____

_____

NAME_____

DATE_____

PRAYER REQUEST_____

_____

_____

SCRIPTURES_____

PRAISE REPORT _____

_____

NAME_____

DATE_____

PRAYER REQUEST_____

_____

_____

SCRIPTURES_____

PRAISE REPORT _____

_____

NAME_____

DATE_____

PRAYER REQUEST_____

_____

_____

SCRIPTURES_____

PRAISE REPORT_____

_____

NAME_____

DATE_____

PRAYER REQUEST_____

_____

_____

SCRIPTURES_____

PRAISE REPORT_____

_____

NAME_____

DATE_____

PRAYER REQUEST_____

_____

_____

SCRIPTURES_____

PRAISE REPORT_____

_____

NAME_____

DATE_____

PRAYER REQUEST_____

_____

_____

SCRIPTURES_____

PRAISE REPORT _____

_____

NAME_____

DATE_____

PRAYER REQUEST_____

_____

_____

SCRIPTURES_____

PRAISE REPORT _____

_____

NAME_____

DATE_____

PRAYER REQUEST_____

_____

_____

SCRIPTURES_____

PRAISE REPORT _____

_____

NAME_____

DATE_____

PRAYER REQUEST_____

_____

_____

SCRIPTURES_____

PRAISE REPORT _____

_____

NAME_____

DATE_____

PRAYER REQUEST_____

_____

_____

SCRIPTURES_____

PRAISE REPORT _____

_____

NAME_____

DATE_____

PRAYER REQUEST_____

_____

_____

SCRIPTURES_____

PRAISE REPORT _____

_____

NAME_____

DATE_____

PRAYER REQUEST_____

_____

_____

SCRIPTURES_____

PRAISE REPORT _____

_____

NAME_____

DATE_____

PRAYER REQUEST_____

_____

_____

SCRIPTURES_____

PRAISE REPORT _____

_____

NAME_____

DATE_____

PRAYER REQUEST_____

_____

_____

SCRIPTURES_____

PRAISE REPORT _____

_____

NAME_____

DATE_____

PRAYER REQUEST_____

_____

_____

SCRIPTURES_____

PRAISE REPORT _____

_____

NAME_____

DATE_____

PRAYER REQUEST_____

_____

_____

SCRIPTURES_____

PRAISE REPORT _____

_____

NAME_____

DATE_____

PRAYER REQUEST_____

_____

_____

SCRIPTURES_____

PRAISE REPORT _____

_____

NAME_____

DATE_____

PRAYER REQUEST_____

_____

_____

SCRIPTURES_____

PRAISE REPORT _____

_____

NAME_____

DATE_____

PRAYER REQUEST_____

_____

_____

SCRIPTURES_____

PRAISE REPORT _____

_____

NAME_____

DATE_____

PRAYER REQUEST_____

_____

_____

SCRIPTURES_____

PRAISE REPORT _____

_____

NAME_____

DATE_____

PRAYER REQUEST_____

_____

_____

SCRIPTURES_____

PRAISE REPORT _____

_____

NAME_____

DATE_____

PRAYER REQUEST_____

_____

_____

SCRIPTURES_____

PRAISE REPORT _____

_____

NAME_____

DATE_____

PRAYER REQUEST_____

_____

_____

SCRIPTURES_____

PRAISE REPORT _____

_____

NAME_____

DATE_____

PRAYER REQUEST_____

_____

_____

SCRIPTURES_____

PRAISE REPORT _____

_____

NAME_____

DATE_____

PRAYER REQUEST_____

_____

_____

SCRIPTURES_____

PRAISE REPORT _____

_____

NAME_____

DATE_____

PRAYER REQUEST_____

_____

_____

SCRIPTURES_____

PRAISE REPORT _____

_____

NAME_____

DATE_____

PRAYER REQUEST_____

_____

_____

SCRIPTURES_____

PRAISE REPORT _____

_____

NAME_____

DATE_____

PRAYER REQUEST_____

_____

_____

SCRIPTURES_____

PRAISE REPORT _____

_____

NAME_____

DATE_____

PRAYER REQUEST_____

_____

_____

SCRIPTURES_____

PRAISE REPORT _____

_____

NAME_____

DATE_____

PRAYER REQUEST_____

_____

_____

SCRIPTURES_____

PRAISE REPORT _____

_____

NAME_____

DATE_____

PRAYER REQUEST_____

_____

_____

SCRIPTURES_____

PRAISE REPORT _____

_____

NAME_____

DATE_____

PRAYER REQUEST_____

_____

_____

SCRIPTURES_____

PRAISE REPORT _____

_____

NAME_____

DATE_____

PRAYER REQUEST_____

_____

_____

SCRIPTURES_____

PRAISE REPORT _____

_____

NAME_____

DATE_____

PRAYER REQUEST_____

_____

_____

SCRIPTURES_____

PRAISE REPORT _____

_____

NAME_____

DATE_____

PRAYER REQUEST_____

_____

_____

SCRIPTURES_____

PRAISE REPORT _____

_____

NAME_____

DATE_____

PRAYER REQUEST_____

_____

_____

SCRIPTURES_____

PRAISE REPORT _____

_____

NAME_____

DATE_____

PRAYER REQUEST_____

_____

_____

SCRIPTURES_____

PRAISE REPORT _____

_____

NAME_____

DATE_____

PRAYER REQUEST_____

_____

_____

SCRIPTURES_____

PRAISE REPORT _____

_____

NAME_____

DATE_____

PRAYER REQUEST_____

_____

_____

SCRIPTURES_____

PRAISE REPORT _____

_____

NAME_____

DATE_____

PRAYER REQUEST_____

_____

_____

SCRIPTURES_____

PRAISE REPORT _____

_____

NAME_____

DATE_____

PRAYER REQUEST_____

_____

_____

SCRIPTURES_____

PRAISE REPORT _____

_____

NAME_____

DATE_____

PRAYER REQUEST_____

_____

_____

SCRIPTURES_____

PRAISE REPORT _____

_____

NAME_____

DATE_____

PRAYER REQUEST_____

_____

_____

SCRIPTURES_____

PRAISE REPORT _____

_____

NAME_____

DATE_____

PRAYER REQUEST_____

_____

_____

SCRIPTURES_____

PRAISE REPORT _____

_____

NAME_____

DATE_____

PRAYER REQUEST_____

_____

_____

SCRIPTURES_____

PRAISE REPORT _____

_____

NAME_____

DATE_____

PRAYER REQUEST_____

_____

_____

SCRIPTURES_____

PRAISE REPORT _____

_____

NAME_____

DATE_____

PRAYER REQUEST_____

_____

_____

SCRIPTURES_____

PRAISE REPORT _____

_____

NAME_____

DATE_____

PRAYER REQUEST_____

_____

_____

SCRIPTURES_____

PRAISE REPORT _____

_____

NAME_____

DATE_____

PRAYER REQUEST_____

_____

_____

SCRIPTURES_____

PRAISE REPORT _____

_____

NAME_____

DATE_____

PRAYER REQUEST_____

_____

_____

SCRIPTURES_____

PRAISE REPORT _____

_____

NAME_____

DATE_____

PRAYER REQUEST_____

_____

_____

SCRIPTURES_____

PRAISE REPORT _____

_____

NAME_____

DATE_____

PRAYER REQUEST_____

_____

_____

SCRIPTURES_____

PRAISE REPORT _____

_____

NAME_____

DATE_____

PRAYER REQUEST_____

_____

_____

SCRIPTURES_____

PRAISE REPORT _____

_____

NAME_____

DATE_____

PRAYER REQUEST_____

_____

_____

SCRIPTURES_____

PRAISE REPORT _____

_____

NAME_____

DATE_____

PRAYER REQUEST_____

_____

_____

SCRIPTURES_____

PRAISE REPORT _____

_____

NAME_____

DATE_____

PRAYER REQUEST_____

_____

_____

SCRIPTURES_____

PRAISE REPORT _____

_____

NAME_____

DATE_____

PRAYER REQUEST_____

_____

_____

SCRIPTURES_____

PRAISE REPORT _____

_____

NAME_____

DATE_____

PRAYER REQUEST_____

_____

_____

SCRIPTURES_____

PRAISE REPORT _____

_____

NAME_____

DATE_____

PRAYER REQUEST_____

_____

_____

SCRIPTURES_____

PRAISE REPORT _____

_____

NAME_____

DATE_____

PRAYER REQUEST_____

_____

_____

SCRIPTURES_____

PRAISE REPORT _____

_____

NAME_____

DATE_____

PRAYER REQUEST_____

_____

_____

SCRIPTURES_____

PRAISE REPORT _____

_____

NAME_____

DATE_____

PRAYER REQUEST_____

_____

_____

SCRIPTURES_____

PRAISE REPORT _____

_____

NAME_____

DATE_____

PRAYER REQUEST_____

_____

_____

SCRIPTURES_____

PRAISE REPORT _____

_____

NAME_____

DATE_____

PRAYER REQUEST_____

_____

_____

SCRIPTURES_____

PRAISE REPORT _____

_____

NAME_____

DATE_____

PRAYER REQUEST_____

_____

_____

SCRIPTURES_____

PRAISE REPORT _____

_____

NAME_____

DATE_____

PRAYER REQUEST_____

_____

_____

SCRIPTURES_____

PRAISE REPORT _____

_____

NAME_____

DATE_____

PRAYER REQUEST_____

_____

_____

SCRIPTURES_____

PRAISE REPORT _____

_____

NAME_____

DATE_____

PRAYER REQUEST_____

_____

_____

SCRIPTURES_____

PRAISE REPORT _____

_____

NAME_____

DATE_____

PRAYER REQUEST_____

_____

_____

SCRIPTURES_____

PRAISE REPORT _____

_____

NAME_____

DATE_____

PRAYER REQUEST_____

_____

_____

SCRIPTURES_____

PRAISE REPORT _____

_____

NAME_____

DATE_____

PRAYER REQUEST_____

_____

_____

SCRIPTURES_____

PRAISE REPORT _____

_____

NAME_____

DATE_____

PRAYER REQUEST_____

_____

_____

SCRIPTURES_____

PRAISE REPORT _____

_____

NAME_____

DATE_____

PRAYER REQUEST_____

_____

_____

SCRIPTURES_____

PRAISE REPORT _____

_____

NAME_____

DATE_____

PRAYER REQUEST_____

_____

_____

SCRIPTURES_____

PRAISE REPORT _____

_____

NAME_____

DATE_____

PRAYER REQUEST_____

_____

_____

SCRIPTURES_____

PRAISE REPORT _____

_____

NAME_____

DATE_____

PRAYER REQUEST_____

_____

_____

SCRIPTURES_____

PRAISE REPORT _____

_____

NAME_____

DATE_____

PRAYER REQUEST_____

_____

_____

SCRIPTURES_____

PRAISE REPORT _____

_____

NAME_____

DATE_____

PRAYER REQUEST_____

_____

_____

SCRIPTURES_____

PRAISE REPORT _____

_____

NAME_____

DATE_____

PRAYER REQUEST_____

_____

_____

SCRIPTURES_____

PRAISE REPORT _____

_____

NAME_____

DATE_____

PRAYER REQUEST_____

_____

_____

SCRIPTURES_____

PRAISE REPORT _____

_____

NAME_____

DATE_____

PRAYER REQUEST_____

_____

_____

SCRIPTURES_____

PRAISE REPORT _____

_____

NAME_____

DATE_____

PRAYER REQUEST_____

_____

_____

SCRIPTURES_____

PRAISE REPORT _____

_____

NAME_____

DATE_____

PRAYER REQUEST_____

_____

_____

SCRIPTURES_____

PRAISE REPORT _____

_____

NAME_____

DATE_____

PRAYER REQUEST_____

_____

_____

SCRIPTURES_____

PRAISE REPORT _____

_____

NAME_____

DATE_____

PRAYER REQUEST_____

_____

_____

SCRIPTURES_____

PRAISE REPORT _____

_____

NAME_____

DATE_____

PRAYER REQUEST_____

_____

_____

SCRIPTURES_____

PRAISE REPORT _____

_____

NAME_____

DATE_____

PRAYER REQUEST_____

_____

_____

SCRIPTURES_____

PRAISE REPORT _____

_____

NAME_____

DATE_____

PRAYER REQUEST_____

_____

_____

SCRIPTURES_____

PRAISE REPORT _____

_____

NAME_____

DATE_____

PRAYER REQUEST_____

_____

_____

SCRIPTURES_____

PRAISE REPORT _____

_____

NAME_____

DATE_____

PRAYER REQUEST_____

_____

_____

SCRIPTURES_____

PRAISE REPORT _____

_____

NAME_____

DATE_____

PRAYER REQUEST_____

_____

_____

SCRIPTURES_____

PRAISE REPORT _____

_____

NAME_____

DATE_____

PRAYER REQUEST_____

_____

_____

SCRIPTURES_____

PRAISE REPORT _____

_____

NAME_____

DATE_____

PRAYER REQUEST_____

_____

_____

SCRIPTURES_____

PRAISE REPORT _____

_____

NAME_____

DATE_____

PRAYER REQUEST_____

_____

_____

SCRIPTURES_____

PRAISE REPORT _____

_____

NAME_____

DATE_____

PRAYER REQUEST_____

_____

_____

SCRIPTURES_____

PRAISE REPORT _____

_____

NAME_____

DATE_____

PRAYER REQUEST_____

_____

_____

SCRIPTURES_____

PRAISE REPORT _____

_____

NAME_____

DATE_____

PRAYER REQUEST_____

_____

_____

SCRIPTURES_____

PRAISE REPORT _____

_____

NAME_____

DATE_____

PRAYER REQUEST_____

_____

_____

SCRIPTURES_____

PRAISE REPORT _____

_____

NAME_____

DATE_____

PRAYER REQUEST_____

_____

_____

SCRIPTURES_____

PRAISE REPORT _____

_____

NAME_____

DATE_____

PRAYER REQUEST_____

_____

_____

SCRIPTURES_____

PRAISE REPORT _____

_____

NAME_____

DATE_____

PRAYER REQUEST_____

_____

_____

SCRIPTURES_____

PRAISE REPORT _____

_____

NAME_____

DATE_____

PRAYER REQUEST_____

_____

_____

SCRIPTURES_____

PRAISE REPORT _____

_____

NAME_____

DATE_____

PRAYER REQUEST_____

_____

_____

SCRIPTURES_____

PRAISE REPORT _____

_____

NAME_____

DATE_____

PRAYER REQUEST_____

_____

_____

SCRIPTURES_____

PRAISE REPORT _____

_____

NAME_____

DATE_____

PRAYER REQUEST_____

_____

_____

SCRIPTURES_____

PRAISE REPORT _____

_____

NAME_____

DATE_____

PRAYER REQUEST_____

_____

_____

SCRIPTURES_____

PRAISE REPORT _____

_____

NAME_____

DATE_____

PRAYER REQUEST_____

_____

_____

SCRIPTURES_____

PRAISE REPORT _____

_____

NAME_____

DATE_____

PRAYER REQUEST_____

_____

_____

SCRIPTURES_____

PRAISE REPORT _____

_____

NAME_____

DATE_____

PRAYER REQUEST_____

_____

_____

SCRIPTURES_____

PRAISE REPORT _____

_____

NAME_____

DATE_____

PRAYER REQUEST_____

_____

_____

SCRIPTURES_____

PRAISE REPORT _____

_____

NAME_____

DATE_____

PRAYER REQUEST_____

_____

_____

SCRIPTURES_____

PRAISE REPORT _____

_____

NAME_____

DATE_____

PRAYER REQUEST_____

_____

_____

SCRIPTURES_____

PRAISE REPORT _____

_____

NAME_____

DATE_____

PRAYER REQUEST_____

_____

_____

SCRIPTURES_____

PRAISE REPORT _____

_____

NAME_____

DATE_____

PRAYER REQUEST_____

_____

_____

SCRIPTURES_____

PRAISE REPORT _____

_____

NAME_____

DATE_____

PRAYER REQUEST_____

_____

_____

SCRIPTURES_____

PRAISE REPORT _____

_____

NAME_____

DATE_____

PRAYER REQUEST_____

_____

_____

SCRIPTURES_____

PRAISE REPORT _____

_____

NAME_____

DATE_____

PRAYER REQUEST_____

_____

_____

SCRIPTURES_____

PRAISE REPORT _____

_____

NAME_____

DATE_____

PRAYER REQUEST_____

_____

_____

SCRIPTURES_____

PRAISE REPORT _____

_____

NAME_____

DATE_____

PRAYER REQUEST_____

_____

_____

SCRIPTURES_____

PRAISE REPORT _____

_____

NAME_____

DATE_____

PRAYER REQUEST_____

_____

_____

SCRIPTURES_____

PRAISE REPORT _____

_____

NAME_____

DATE_____

PRAYER REQUEST_____

_____

_____

SCRIPTURES_____

PRAISE REPORT _____

_____

NAME_____

DATE_____

PRAYER REQUEST_____

_____

_____

SCRIPTURES_____

PRAISE REPORT _____

_____

NAME_____

DATE_____

PRAYER REQUEST_____

_____

_____

SCRIPTURES_____

PRAISE REPORT _____

_____

NAME_____

DATE_____

PRAYER REQUEST_____

_____

_____

SCRIPTURES_____

PRAISE REPORT _____

_____

NAME_____

DATE_____

PRAYER REQUEST_____

_____

_____

SCRIPTURES_____

PRAISE REPORT _____

_____

NAME_____

DATE_____

PRAYER REQUEST_____

_____

_____

SCRIPTURES_____

PRAISE REPORT _____

_____

NAME_____

DATE_____

PRAYER REQUEST_____

_____

_____

SCRIPTURES_____

PRAISE REPORT _____

_____

NAME_____

DATE_____

PRAYER REQUEST_____

_____

_____

SCRIPTURES_____

PRAISE REPORT _____

_____

NAME_____

DATE_____

PRAYER REQUEST_____

_____

_____

SCRIPTURES_____

PRAISE REPORT _____

_____

NAME_____

DATE_____

PRAYER REQUEST_____

_____

_____

SCRIPTURES_____

PRAISE REPORT _____

_____

NAME_____

DATE_____

PRAYER REQUEST_____

_____

_____

SCRIPTURES_____

PRAISE REPORT _____

_____

NAME_____

DATE_____

PRAYER REQUEST_____

_____

_____

SCRIPTURES_____

PRAISE REPORT _____

_____

NAME_____

DATE_____

PRAYER REQUEST_____

_____

_____

SCRIPTURES_____

PRAISE REPORT _____

_____

NAME_____

DATE_____

PRAYER REQUEST_____

_____

_____

SCRIPTURES_____

PRAISE REPORT _____

_____

NAME_____

DATE_____

PRAYER REQUEST_____

_____

_____

SCRIPTURES_____

PRAISE REPORT _____

_____

NAME_____

DATE_____

PRAYER REQUEST_____

_____

_____

SCRIPTURES_____

PRAISE REPORT _____

_____

NAME_____

DATE_____

PRAYER REQUEST_____

_____

_____

SCRIPTURES_____

PRAISE REPORT _____

_____

NAME_____

DATE_____

PRAYER REQUEST_____

_____

_____

SCRIPTURES_____

PRAISE REPORT _____

_____

NAME_____

DATE_____

PRAYER REQUEST_____

_____

_____

SCRIPTURES_____

PRAISE REPORT _____

_____

NAME_____

DATE_____

PRAYER REQUEST_____

_____

_____

SCRIPTURES_____

PRAISE REPORT _____

_____

NAME_____

DATE_____

PRAYER REQUEST_____

_____

_____

SCRIPTURES_____

PRAISE REPORT _____

_____

NAME_____

DATE_____

PRAYER REQUEST_____

_____

_____

SCRIPTURES_____

PRAISE REPORT _____

_____

NAME_____

DATE_____

PRAYER REQUEST_____

_____

_____

SCRIPTURES_____

PRAISE REPORT _____

_____

NAME_____

DATE_____

PRAYER REQUEST_____

_____

_____

SCRIPTURES_____

PRAISE REPORT _____

_____

NAME_____

DATE_____

PRAYER REQUEST_____

_____

_____

SCRIPTURES_____

PRAISE REPORT _____

_____

NAME_____

DATE_____

PRAYER REQUEST_____

_____

_____

SCRIPTURES_____

PRAISE REPORT _____

_____

NAME_____

DATE_____

PRAYER REQUEST_____

_____

_____

SCRIPTURES_____

PRAISE REPORT _____

_____

NAME_____

DATE_____

PRAYER REQUEST_____

_____

_____

SCRIPTURES_____

PRAISE REPORT _____

_____

NAME_____

DATE_____

PRAYER REQUEST_____

_____

_____

SCRIPTURES_____

PRAISE REPORT _____

_____

NAME_____

DATE_____

PRAYER REQUEST_____

_____

_____

SCRIPTURES_____

PRAISE REPORT _____

_____

NAME_____

DATE_____

PRAYER REQUEST_____

_____

_____

SCRIPTURES_____

PRAISE REPORT _____

_____

NAME_____

DATE_____

PRAYER REQUEST_____

_____

_____

SCRIPTURES_____

PRAISE REPORT _____

_____

NAME_____

DATE_____

PRAYER REQUEST_____

_____

_____

SCRIPTURES_____

PRAISE REPORT _____

_____

NAME_____

DATE_____

PRAYER REQUEST_____

_____

_____

SCRIPTURES_____

PRAISE REPORT _____

_____

NAME_____

DATE_____

PRAYER REQUEST_____

_____

_____

SCRIPTURES_____

PRAISE REPORT _____

_____

NAME_____

DATE_____

PRAYER REQUEST_____

_____

_____

SCRIPTURES_____

PRAISE REPORT _____

_____

NAME_____

DATE_____

PRAYER REQUEST_____

_____

_____

SCRIPTURES_____

PRAISE REPORT _____

_____

NAME_____

DATE_____

PRAYER REQUEST_____

_____

_____

SCRIPTURES_____

PRAISE REPORT _____

_____

NAME_____

DATE_____

PRAYER REQUEST_____

_____

_____

SCRIPTURES_____

PRAISE REPORT _____

_____

NAME_____

DATE_____

PRAYER REQUEST_____

_____

_____

SCRIPTURES_____

PRAISE REPORT _____

_____

NAME_____

DATE_____

PRAYER REQUEST_____

_____

_____

SCRIPTURES_____

PRAISE REPORT _____

_____

NAME_____

DATE_____

PRAYER REQUEST_____

_____

_____

SCRIPTURES_____

PRAISE REPORT _____

_____

NAME_____

DATE_____

PRAYER REQUEST_____

_____

_____

SCRIPTURES_____

PRAISE REPORT _____

_____

NAME_____

DATE_____

PRAYER REQUEST_____

_____

_____

SCRIPTURES_____

PRAISE REPORT _____

_____

NAME_____

DATE_____

PRAYER REQUEST_____

_____

_____

SCRIPTURES_____

PRAISE REPORT _____

_____

NAME_____

DATE_____

PRAYER REQUEST_____

_____

_____

SCRIPTURES_____

PRAISE REPORT _____

_____

NAME_____

DATE_____

PRAYER REQUEST_____

_____

_____

SCRIPTURES_____

PRAISE REPORT _____

_____

NAME_____

DATE_____

PRAYER REQUEST_____

_____

_____

SCRIPTURES_____

PRAISE REPORT _____

_____

NAME_____

DATE_____

PRAYER REQUEST_____

_____

_____

SCRIPTURES_____

PRAISE REPORT _____

_____

NAME_____

DATE_____

PRAYER REQUEST_____

_____

_____

SCRIPTURES_____

PRAISE REPORT _____

_____

NAME_____

DATE_____

PRAYER REQUEST_____

_____

_____

SCRIPTURES_____

PRAISE REPORT _____

_____

NAME_____

DATE_____

PRAYER REQUEST_____

_____

_____

SCRIPTURES_____

PRAISE REPORT _____

_____

NAME_____

DATE_____

PRAYER REQUEST_____

_____

_____

SCRIPTURES_____

PRAISE REPORT _____

_____

NAME_____

DATE_____

PRAYER REQUEST_____

_____

_____

SCRIPTURES_____

PRAISE REPORT_____

_____

NAME_____

DATE_____

PRAYER REQUEST_____

_____

_____

SCRIPTURES_____

PRAISE REPORT_____

_____

NAME_____

DATE_____

PRAYER REQUEST_____

_____

_____

SCRIPTURES_____

PRAISE REPORT_____

_____

NAME_____

DATE_____

PRAYER REQUEST_____

_____

_____

SCRIPTURES_____

PRAISE REPORT _____

_____

NAME_____

DATE_____

PRAYER REQUEST_____

_____

_____

SCRIPTURES_____

PRAISE REPORT _____

_____

NAME_____

DATE_____

PRAYER REQUEST_____

_____

_____

SCRIPTURES_____

PRAISE REPORT _____

_____

NAME_____

DATE_____

PRAYER REQUEST_____

_____

_____

SCRIPTURES_____

PRAISE REPORT _____

_____

NAME_____

DATE_____

PRAYER REQUEST_____

_____

_____

SCRIPTURES_____

PRAISE REPORT _____

_____

NAME_____

DATE_____

PRAYER REQUEST_____

_____

_____

SCRIPTURES_____

PRAISE REPORT _____

_____

BATTLE PLAN PRAYER REQUESTS

NAME_____

DATE_____

PRAYER REQUEST_____

_____

_____

SCRIPTURES_____

PRAISE REPORT _____

_____

NAME_____

DATE_____

PRAYER REQUEST_____

_____

_____

SCRIPTURES_____

PRAISE REPORT _____

_____

NAME_____

DATE_____

PRAYER REQUEST_____

_____

_____

SCRIPTURES_____

PRAISE REPORT _____

_____

NAME_____

DATE_____

PRAYER REQUEST_____

_____

_____

SCRIPTURES_____

PRAISE REPORT _____

_____

NAME_____

DATE_____

PRAYER REQUEST_____

_____

_____

SCRIPTURES_____

PRAISE REPORT _____

_____

NAME_____

DATE_____

PRAYER REQUEST_____

_____

_____

SCRIPTURES_____

PRAISE REPORT _____

_____

BATTLE PLAN PRAYER REQUESTS

NAME_____

DATE_____

PRAYER REQUEST_____

_____

_____

SCRIPTURES_____

PRAISE REPORT _____

_____

NAME_____

DATE_____

PRAYER REQUEST_____

_____

_____

SCRIPTURES_____

PRAISE REPORT _____

_____

NAME_____

DATE_____

PRAYER REQUEST_____

_____

_____

SCRIPTURES_____

PRAISE REPORT _____

_____

NAME_____

DATE_____

PRAYER REQUEST_____

_____

_____

SCRIPTURES_____

PRAISE REPORT _____

_____

NAME_____

DATE_____

PRAYER REQUEST_____

_____

_____

SCRIPTURES_____

PRAISE REPORT _____

_____

NAME_____

DATE_____

PRAYER REQUEST_____

_____

_____

SCRIPTURES_____

PRAISE REPORT _____

_____

BATTLE PLAN PRAYER REQUESTS

NAME_____

DATE_____

PRAYER REQUEST_____

_____

_____

SCRIPTURES_____

PRAISE REPORT_____

_____

NAME_____

DATE_____

PRAYER REQUEST_____

_____

_____

SCRIPTURES_____

PRAISE REPORT_____

_____

NAME_____

DATE_____

PRAYER REQUEST_____

_____

_____

SCRIPTURES_____

PRAISE REPORT_____

_____

NAME_____

DATE_____

PRAYER REQUEST_____

_____

_____

SCRIPTURES_____

PRAISE REPORT _____

_____

NAME_____

DATE_____

PRAYER REQUEST_____

_____

_____

SCRIPTURES_____

PRAISE REPORT _____

_____

NAME_____

DATE_____

PRAYER REQUEST_____

_____

_____

SCRIPTURES_____

PRAISE REPORT _____

_____

NAME_____

DATE_____

PRAYER REQUEST_____

_____

_____

SCRIPTURES_____

PRAISE REPORT _____

_____

NAME_____

DATE_____

PRAYER REQUEST_____

_____

_____

SCRIPTURES_____

PRAISE REPORT _____

_____

NAME_____

DATE_____

PRAYER REQUEST_____

_____

_____

SCRIPTURES_____

PRAISE REPORT _____

_____

NAME_____

DATE_____

PRAYER REQUEST_____

_____

_____

SCRIPTURES_____

PRAISE REPORT _____

_____

NAME_____

DATE_____

PRAYER REQUEST_____

_____

_____

SCRIPTURES_____

PRAISE REPORT _____

_____

NAME_____

DATE_____

PRAYER REQUEST_____

_____

_____

SCRIPTURES_____

PRAISE REPORT _____

_____

NAME_____

DATE_____

PRAYER REQUEST_____

_____

_____

SCRIPTURES_____

PRAISE REPORT_____

_____

NAME_____

DATE_____

PRAYER REQUEST_____

_____

_____

SCRIPTURES_____

PRAISE REPORT_____

_____

NAME_____

DATE_____

PRAYER REQUEST_____

_____

_____

SCRIPTURES_____

PRAISE REPORT_____

_____

NAME_____

DATE_____

PRAYER REQUEST_____

_____

_____

SCRIPTURES_____

PRAISE REPORT _____

_____

NAME_____

DATE_____

PRAYER REQUEST_____

_____

_____

SCRIPTURES_____

PRAISE REPORT _____

_____

NAME_____

DATE_____

PRAYER REQUEST_____

_____

_____

SCRIPTURES_____

PRAISE REPORT _____

_____

NAME_____

DATE_____

PRAYER REQUEST_____

_____

_____

SCRIPTURES_____

PRAISE REPORT _____

_____

NAME_____

DATE_____

PRAYER REQUEST_____

_____

_____

SCRIPTURES_____

PRAISE REPORT _____

_____

NAME_____

DATE_____

PRAYER REQUEST_____

_____

_____

SCRIPTURES_____

PRAISE REPORT _____

_____

NAME_____

DATE_____

PRAYER REQUEST_____

_____

_____

SCRIPTURES_____

PRAISE REPORT _____

_____

NAME_____

DATE_____

PRAYER REQUEST_____

_____

_____

SCRIPTURES_____

PRAISE REPORT _____

_____

NAME_____

DATE_____

PRAYER REQUEST_____

_____

_____

SCRIPTURES_____

PRAISE REPORT _____

_____

NAME_____

DATE_____

PRAYER REQUEST_____

_____

_____

SCRIPTURES_____

PRAISE REPORT _____

_____

NAME_____

DATE_____

PRAYER REQUEST_____

_____

_____

SCRIPTURES_____

PRAISE REPORT _____

_____

NAME_____

DATE_____

PRAYER REQUEST_____

_____

_____

SCRIPTURES_____

PRAISE REPORT _____

_____

NAME_____

DATE_____

PRAYER REQUEST_____

_____

_____

SCRIPTURES_____

PRAISE REPORT _____

_____

NAME_____

DATE_____

PRAYER REQUEST_____

_____

_____

SCRIPTURES_____

PRAISE REPORT _____

_____

NAME_____

DATE_____

PRAYER REQUEST_____

_____

_____

SCRIPTURES_____

PRAISE REPORT _____

_____

NAME_____

DATE_____

PRAYER REQUEST_____

_____

_____

SCRIPTURES_____

PRAISE REPORT _____

_____

NAME_____

DATE_____

PRAYER REQUEST_____

_____

_____

SCRIPTURES_____

PRAISE REPORT _____

_____

NAME_____

DATE_____

PRAYER REQUEST_____

_____

_____

SCRIPTURES_____

PRAISE REPORT _____

_____

NAME_____

DATE_____

PRAYER REQUEST_____

_____

_____

SCRIPTURES_____

PRAISE REPORT _____

_____

NAME_____

DATE_____

PRAYER REQUEST_____

_____

_____

SCRIPTURES_____

PRAISE REPORT _____

_____

NAME_____

DATE_____

PRAYER REQUEST_____

_____

_____

SCRIPTURES_____

PRAISE REPORT _____

_____

NAME_____

DATE_____

PRAYER REQUEST_____

_____

_____

SCRIPTURES_____

PRAISE REPORT _____

_____

NAME_____

DATE_____

PRAYER REQUEST_____

_____

_____

SCRIPTURES_____

PRAISE REPORT _____

_____

NAME_____

DATE_____

PRAYER REQUEST_____

_____

_____

SCRIPTURES_____

PRAISE REPORT _____

_____

NAME_____

DATE_____

PRAYER REQUEST_____

_____

_____

SCRIPTURES_____

PRAISE REPORT _____

_____

NAME_____

DATE_____

PRAYER REQUEST_____

_____

_____

SCRIPTURES_____

PRAISE REPORT _____

_____

NAME_____

DATE_____

PRAYER REQUEST_____

_____

_____

SCRIPTURES_____

PRAISE REPORT _____

_____

NAME_____

DATE_____

PRAYER REQUEST_____

_____

_____

SCRIPTURES_____

PRAISE REPORT _____

_____

NAME_____

DATE_____

PRAYER REQUEST_____

_____

_____

SCRIPTURES_____

PRAISE REPORT _____

_____

NAME_____

DATE_____

PRAYER REQUEST_____

_____

_____

SCRIPTURES_____

PRAISE REPORT _____

_____

NAME_____

DATE_____

PRAYER REQUEST_____

_____

_____

SCRIPTURES_____

PRAISE REPORT _____

_____

NAME_____

DATE_____

PRAYER REQUEST_____

_____

_____

SCRIPTURES_____

PRAISE REPORT _____

_____

NAME_____

DATE_____

PRAYER REQUEST_____

_____

_____

SCRIPTURES_____

PRAISE REPORT _____

_____

NAME_____

DATE_____

PRAYER REQUEST_____

_____

_____

SCRIPTURES_____

PRAISE REPORT _____

_____

NAME_____

DATE_____

PRAYER REQUEST_____

_____

_____

SCRIPTURES_____

PRAISE REPORT _____

_____

NAME_____

DATE_____

PRAYER REQUEST_____

_____

_____

SCRIPTURES_____

PRAISE REPORT _____

_____

NAME_____

DATE_____

PRAYER REQUEST_____

_____

_____

SCRIPTURES_____

PRAISE REPORT _____

_____

NAME_____

DATE_____

PRAYER REQUEST_____

_____

_____

SCRIPTURES_____

PRAISE REPORT _____

_____

NAME_____

DATE_____

PRAYER REQUEST_____

_____

_____

SCRIPTURES_____

PRAISE REPORT _____

_____

NAME_____

DATE_____

PRAYER REQUEST_____

_____

_____

SCRIPTURES_____

PRAISE REPORT _____

_____

NAME_____

DATE_____

PRAYER REQUEST_____

_____

_____

SCRIPTURES_____

PRAISE REPORT _____

_____

NAME_____

DATE_____

PRAYER REQUEST_____

_____

_____

SCRIPTURES_____

PRAISE REPORT _____

_____

NAME_____

DATE_____

PRAYER REQUEST_____

_____

_____

SCRIPTURES_____

PRAISE REPORT_____

_____

NAME_____

DATE_____

PRAYER REQUEST_____

_____

_____

SCRIPTURES_____

PRAISE REPORT_____

_____

NAME_____

DATE_____

PRAYER REQUEST_____

_____

_____

SCRIPTURES_____

PRAISE REPORT_____

_____

NAME_____

DATE_____

PRAYER REQUEST_____

_____

_____

SCRIPTURES_____

PRAISE REPORT _____

_____

NAME_____

DATE_____

PRAYER REQUEST_____

_____

_____

SCRIPTURES_____

PRAISE REPORT _____

_____

NAME_____

DATE_____

PRAYER REQUEST_____

_____

_____

SCRIPTURES_____

PRAISE REPORT _____

_____

NAME_____

DATE_____

PRAYER REQUEST_____

_____

_____

SCRIPTURES_____

PRAISE REPORT _____

_____

NAME_____

DATE_____

PRAYER REQUEST_____

_____

_____

SCRIPTURES_____

PRAISE REPORT _____

_____

NAME_____

DATE_____

PRAYER REQUEST_____

_____

_____

SCRIPTURES_____

PRAISE REPORT _____

_____

BATTLE PLAN PRAYER REQUESTS

NAME_____

DATE_____

PRAYER REQUEST_____

_____

_____

SCRIPTURES_____

PRAISE REPORT _____

_____

NAME_____

DATE_____

PRAYER REQUEST_____

_____

_____

SCRIPTURES_____

PRAISE REPORT _____

_____

NAME_____

DATE_____

PRAYER REQUEST_____

_____

_____

SCRIPTURES_____

PRAISE REPORT _____

_____

NAME_____

DATE_____

PRAYER REQUEST_____

_____

_____

SCRIPTURES_____

PRAISE REPORT _____

_____

NAME_____

DATE_____

PRAYER REQUEST_____

_____

_____

SCRIPTURES_____

PRAISE REPORT _____

_____

NAME_____

DATE_____

PRAYER REQUEST_____

_____

_____

SCRIPTURES_____

PRAISE REPORT _____

_____

NAME_____

DATE_____

PRAYER REQUEST_____

_____

_____

SCRIPTURES_____

PRAISE REPORT _____

_____

NAME_____

DATE_____

PRAYER REQUEST_____

_____

_____

SCRIPTURES_____

PRAISE REPORT _____

_____

NAME_____

DATE_____

PRAYER REQUEST_____

_____

_____

SCRIPTURES_____

PRAISE REPORT _____

_____

NAME_____

DATE_____

PRAYER REQUEST_____

_____

_____

SCRIPTURES_____

PRAISE REPORT _____

_____

NAME_____

DATE_____

PRAYER REQUEST_____

_____

_____

SCRIPTURES_____

PRAISE REPORT _____

_____

NAME_____

DATE_____

PRAYER REQUEST_____

_____

_____

SCRIPTURES_____

PRAISE REPORT _____

_____

BATTLE PLAN PRAYER REQUESTS

NAME_____

DATE_____

PRAYER REQUEST_____

_____

_____

SCRIPTURES_____

PRAISE REPORT _____

_____

NAME_____

DATE_____

PRAYER REQUEST_____

_____

_____

SCRIPTURES_____

PRAISE REPORT _____

_____

NAME_____

DATE_____

PRAYER REQUEST_____

_____

_____

SCRIPTURES_____

PRAISE REPORT _____

_____

NAME_____

DATE_____

PRAYER REQUEST_____

_____

_____

SCRIPTURES_____

PRAISE REPORT _____

_____

NAME_____

DATE_____

PRAYER REQUEST_____

_____

_____

SCRIPTURES_____

PRAISE REPORT _____

_____

NAME_____

DATE_____

PRAYER REQUEST_____

_____

_____

SCRIPTURES_____

PRAISE REPORT _____

_____

Recommended reading on prayer.

The Power of a Praying Wife by Stormie Omartian
The Power of a Praying Husband by Stormie Omartian

*Stormie Omartian has many great practical books on prayer.

War Room: Prayer is a Powerful Weapon by Chris Fabry

Powerful Prayers in the War Room: Learning to Pray Like a Powerful Prayer Warrior by Daniel B. Lancaster

The Battle Plan for Prayer: From Basic Training to Targeted Strategies by Stephen Kendrick and Alex Kendrick

The Circle Maker: Praying Circles Around Your Biggest Dreams and Greatest Fears by Mark Batterson

Also please remember that praying the scriptures over people's lives and needs is very powerful.

God bless you.